Fuera de este ¿MUNDO

LOS COMETAS HELADOS

A veces tienen colas

por Chaya Glaser

Consultora: Dra. Karly M. Pitman
Instituto de Ciencia Planetaria
Tucson, Arizona

BEARPORT
PUBLISHING

New York, New York

Créditos
Cubierta, © ESA/Rosetta/MPS for OSIRIS Team MPS/UPD/LAM/IAA/SSO/INTA/UPM/
DASP/IDA; TOC, © NASA; 4–5, © Damian Peach/Science Photo Library; 7, © ESA/Rosetta/
MPS for OSIRIS Team MPS/UPD/LAM/IAA/SSO/INTA/UPM/DASP/IDA; 8–9, © Wikipedia
& Nasa; 10–11, © E. Kolmhofer, H. Raab, Johannes-Kepler-Observatory, Linz, Austria/
Wikipedia; 12–13, © Cassini Imaging Team, SSI, JPL, ESA, NASA; 14–15, © Michael Jäger
& Gerald Rhemann; 16–17, © Detlev van Ravenswaay/Science Photo Library; 18, © Halley
Multicolor Camera Team, Giotto Project, ESA; 19, © Ralf Hirschberger/dpa/Corbis;
20–21, © NASA; 23TL, © iStock/Thinkstock; 23TR, © Wikipedia & Nasa; 23BL, © Wikipedia
& Nasa; 23BR, © NASA.

Editor: Kenn Goin
Editora principal: Jessica Rudolph
Director creativo: Spencer Brinker
Diseñadora: Debrah Kaiser
Editora de fotografía: Michael Win
Editora de español: Queta Fernandez

Library of Congress Cataloging-in-Publication Data

Glaser, Chaya, author.
  [Icy comets. Spanish]
  Los cometas helados : a veces tienen colas / por Chaya Glaser ; consultora: Dra. Karly M. Pitman,
Instituto de Ciencia Planetaria, Tucson, Arizona.
     pages cm. — (Fuera de este mundo)
  Includes bibliographical references and index.
  ISBN 978-1-62724-589-0 (library binding) — ISBN 1-62724-589-8 (library binding)
  1. Comets—Juvenile literature. I. Title.
  QB721.5.G5318 2015
  523.6—dc23
                                    2014044225

Para más información, escriba a Bearport Publishing Company, Inc., 45 West 21st Street, Suite 3B,
New York, New York 10010. Impreso en los Estados Unidos de América.

10 9 8 7 6 5 4 3 2 1

CONTENIDO

¿Qué objetos del espacio
a veces tienen colas?

¡LOS COMETAS!

Cola de cometa

Los cometas son bolas de gases helados, rocas y polvo.

Orbitan o se mueven alrededor del Sol.

SOL

A veces un cometa está muy lejos del Sol.

Por eso no tiene cola.

A veces un cometa está más cerca del Sol.

El calor del Sol calienta el cometa.

El calor hace que el cometa suelte gases y pedacitos de polvo y roca.

Cometa lejos del Sol

Cometa cerca del Sol con colas

SOL

Órbita

El gas y el polvo forman colas.

Los cometas a menudo tienen dos colas.

SOL

Una cola es azul.

La otra es blanca o rosada.

El frente del cometa se
llama cabeza.

Cabeza

Las cabezas de los cometas
pueden ser tan grandes
como montañas.

Las colas de los cometas
son muy largas.

¡Pueden medir más de 300 millones de millas (483 millones de km) de largo!

Nuestro sistema solar tiene muchos cometas.

Se han descubierto cerca
de 4,000.

Algunos cometas se acercan tanto a la Tierra que los podemos ver.

El cometa Halley pasa cerca de nuestro planeta cada 76 años.

Cometa Halley

TIERRA

Cometa Halley

Pasará otra vez por la
Tierra en 2061.

Las **naves espaciales** han explorado los cometas.

¡Una nave espacial trajo a la Tierra polvo de la cola de un cometa!

LOS COMETAS VERSUS LA TIERRA

Orbitan alrededor del Sol	**ÓRBITA EN EL ESPACIO**	Orbita alrededor del Sol
Cabeza sólida, hasta 25 millas (40 km) de ancho; Cola, hasta 360 millones de millas (579,363,840 km) de largo	**TAMAÑO**	7,918 millas (12,743 km) de ancho
Gases helados, polvo y rocas	**SUPERFICIE**	Casi cubierta de océanos, alguna tierra

GLOSARIO

gases sustancias que flotan en el aire y que no son ni líquidos ni sólidos; muchos gases son invisibles

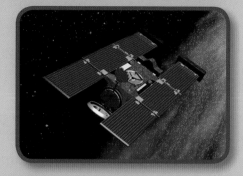

naves espaciales vehículos que pueden viajar en el espacio

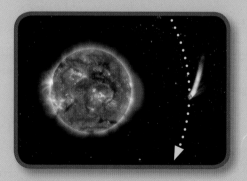

orbitar moverse alrededor de un planeta, el Sol u otro objeto

sistema solar el Sol y todo lo que da vueltas alrededor de él, incluyendo los ocho planetas

ÍNDICE

LEE MÁS

Chrismer, Melanie. *Comets (Scholastic News Nonfiction Readers).* New York: Children's Press (2005).

Lawrence, Ellen. *Comets, Meteors, and Asteroids: Voyagers of the Solar System (Zoom Into Space).* New York: Ruby Tuesday Books (2014).

APRENDE MÁS EN LÍNEA

Para aprender más sobre los cometas, visita
www.bearportpublishing.com/OutOfThisWorld

ACERCA DE LA AUTORA

A Chaya Glaser le encanta mirar las estrellas y leer historias sobre las constelaciones. Cuando no está admirando el cielo nocturno, la podemos encontrar tocando instrumentos musicales.